DE
L'ÉMIGRATION.

SUIVI

De la LOI sur la remise des biens
non vendus des Emigrés.

A MONTPELLIER,

Chez Auguste SEGUIN, Libraire et Papetier,
Place Notre-Dame.

Et a AVIGNON,

Chez Fr. Seguin aîné, Imprimeur-Libraire,
rue Bouquerie, n.º 7.

1814.

DE L'ÉMIGRATION.

Ils veulent être libres, et ne savent pas être justes !

SYEYS.

« Heureux temps ! s'écrioit Tacite au sortir
» de la tyrannie sanglante de Domitien et sous
» le règne de Nerva, heureux temps que celui
» où il est permis de dire tout ce qu'on pense,
» et de penser tout ce qu'on dit ! »

Nous allons parler de l'émigration comme
nous croyons que l'histoire en parlera dans
quelques siècles, sans prévention pour les
uns, sans ressentiment contre les autres ; et
si nous réveillons de douloureux souvenirs,
nous espérons ne pas rallumer de haines.

Tous les grands événemens, comme tous
les personnages célèbres, ont été, parmi les
hommes, un *signe de contradiction*, et souvent
un sujet de scandale.

L'émigration, l'événement le plus singulier
de l'époque la plus mémorable des temps
modernes (la révolution française), a joui
plus qu'aucune autre de ce triste privilége.

Jugée par les uns sur les motifs qui l'ont
inspirée, elle a été regardée comme un acte
sublime de dévouement et le dernier soupir

A

de l'esprit chevaleresque en Europe ; jugée par les autres sur les résultats apparens qui l'ont suivie , elle a été blamée comme inutile , accusée comme dangereuse , ou condamnée comme criminelle.

Nous ne sommes pas de ceux qui rejettent comme un excès tout ce qui est fort et absolu dans les sentimens ou dans la conduite ; et qui ne savent se former une opinion qu'en se tenant au milieu de deux opinions opposées ; et nous n'hésitons pas à soutenir que les détracteurs de l'émigration ont toujours ignoré ou ne se rappellent plus quels étoient à cette époque, au dedans et au dehors , les projets , les moyens , la fureur des ennemis du trône et de l'autel.

Le jour où les malheureux Berthier , Foulon, Delaunay , premières victimes de la révolution, furent immolés , le jour où la demeure du Roi fut violée , ses gardes massacrés , sa personne outragée ; lui-même trainé à Paris , précédé par les horribles trophées de la conjuration , et entouré d'une populace enivrée de fureur et de sang, sans que l'autorité eût pu prévenir de si grands attentats , ou que la justice pût les venger, il n'y eut plus en France ni sûreté , ni sécurité , ni gouvernement , ni autorité ; il n'y eut plus rien , et l'individu , retombé dans l'état sauvage et insocial, libre de tout devoir envers une société qui l'abandonnoit à ses seules forces, rentra sous l'empire de la loi naturelle et primitive de sa propre conservation.

Dès lors, l'émigration fut une nécessité pour les uns, un devoir pour les autres, un droit pour tous. Louis XVI fut perdu ; car on ne pouvoit laisser régner le Roi après avoir abaissé la royauté, et on n'osa pas laisser vivre l'homme après avoir outragé le monarque.

La royauté une fois anéantie, la noblesse ne pouvoit subsister ; l'action du pouvoir royal cessoit avec le pouvoir lui-même ; le sacerdoce tomboit avec la divinité : et les nobles dans une monarchie sont l'action vivante du pouvoir et comme les prêtres de la royauté.

Il n'étoit que trop aisé de détruire la famille qui seule exerçoit le pouvoir, et dans laquelle même il ne faut compter que les mâles ; mais la noblesse étoit composée de beaucoup de familles et d'individus de tout âge et de tout sexe, et les sacrificateurs reculoient devant le grand nombre des victimes.

Les princes du sang royal avoient dérobé leurs têtes aux secrets et profonds desseins des conspirateurs qui, disposant d'un peuple égaré et d'un Roi captif, tremblans pour eux-mêmes,

mais déjà trop avancés pour pouvoir revenir
sur leurs pas, poussoient aux derniers excès ,
provoquoient à-la-fois la guerre civile et la
guerre étrangère ; et cherchoient tous les
moyens de salut dans toutes les chances de
désordre.

La royauté étoit absente, puisque la volonté
du Roi étoit dominée, sa personne captive, et
que toutes les défenses de la royauté et tous
ses moyens d'action, les conseils, le trésor et
l'armée etoient aux mains de ses ennemis.

La nature de la société a pourvu dans l'Etat
comme dans la famille au cas de l'absence, de
la minorité, de la captivité, de l'empêchement
enfin du pouvoir, en nommant son plus pro-
che parent tuteur de la famille ou régent de
l'Etat.

Saint Louis, Jean, François I⁺ avoient été
captifs chez les étrangers, mais ils étoient alors
des généraux d'armée, plutôt que des rois,
puisque la royauté existoit tout entière en
France dans la régence et ses conseils.

Ici c'étoit tout le contraire : le Roi étoit captif
dans ses propres Etats ; et le pouvoir, cet être
moral qui n'est borné ni à un temps, ni à un
lieu, qui survit même à la mort naturelle de
l'homme-roi, et par conséquent à sa mort civile, le pouvoir ou la royauté existoit sur un

sol étranger ; il y régnoit sur les affections de ceux qui l'avoient suivi , et de ceux en bien plus grand nombre qui regrettoient de n'avoir pu le suivre; et à la vue de l'épouvantable anarchie qui désoloit la France , et de ce gouvernement monstrueux de la convention , qui ne gouvernoit que les massacres , les confiscations et la guerre, la France transplantée auroit pu dire , avec plus de raison que Sertorius ,

Rome n'est plus dans Rome , elle est toute où je suis.

Cependant les violences exercées dans beaucoup de lieux contre la noblesse , et les atroces calomnies dont elle étoit partout l'objet , avoient forcé plusieurs nobles à se retirer dans les pays étrangers. Les factieux habiles à tirer parti des circonstances et surtout de celles qu'ils avoient fait naître , redoublèrent de désordres et de violences pour presser l'émigration des propriétaires dont ils dévoroient déjà les biens. Ils la favorisèrent en paroissant l'empêcher , et jugèrent très-bien que le moyen de la hâter étoit de la défendre, et que même le danger qu'on pouvoit courir en passant la frontière étoit une tentation de plus.

Les faits subséquens ont prouvé jusqu'à l'évidence cette habile et odieuse machination.

Les prêtres qui n'avoient pas voulu émigrer
furent entassés sur des vaisseaux et enfin dé-
portés, parce qu'on n'avoit rien à gagner à
leur mort. Les nobles et en général les riches
propriétaires qui étoient restés en France furent jetés dans des prisons, inscrits quoique
présens sur la liste des émigrés, ou vivans sur
des listes de morts, enfin traînés à l'échafaud,
où ils auroient infailliblement péri jusqu'au
dernier si le 9 thermidor n'étoit venu mettre
un terme aux fureurs de la convention.

Ceux qui croient que les émigrés auroient
dû rester auprès du roi pour le sauver, igno-
rent, sans doute, qu'on ne peut sauver un roi
malgré lui que lorsqu'on peut le faire agir, ou
du moins le faire parler; et qu'une poignée
d'hommes, dont un grand nombre même
étoient étrangers à la profession militaire, sans
chef connu et accrédité, sans point de rallie-
ment, sans moyens de s'organiser, sous les
yeux toujours ouverts des factieux, si même
ils eussent pu, sans obstacle, venir un a un
de leurs provinces, n'auroient pas sauvé celui
que n'ont pu sauver, le 21 janvier, soixante
mille hommes réunis et sous les armes, qui
presque tous pleuroient sur la victime et dé-
testoient ses bourreaux.

Les factieux regrettent que les défenseurs de

la royauté n'aient pas du moins tenté d'arra-
cher Louis XVI des mains de la convention ,
et, dans leur dépit , ils s'accusent eux-mêmes
d'assassinat pour accuser les autres de défec-
tion.

« Les émigrés , osent-ils dire dans leurs écrits,
» auroient dû rester en France pour nous em-
» pêcher d'égorger le roi ». Il est permis de
croire à la sincérité de leurs regrets , et facile
d'en pénétrer le motif. Les insensés ! ils croient
qu'il suffit de tuer pour hériter , et d'envahir
pour posséder , et ils ne voient pas que si la
Providence n'eût, pour leur propre intérêt ,
mis un terme à leur frénésie , la France , enivrée de tant de sang innocent et rendue fu-
rieuse par tant de crimes , seroit devenue un
vaste champ de bataille , ou plutôt un repaire
d'animaux féroces qui se seroient tous entre-
déchirés pour le partage de ces sanglantes
dépouilles.

Le roi , une fois sous la main de la convention, n'auroit pu être sauvé que par une in-
surrection générale de la capitale. Mais , à cette
époque , il n'y avoit que des bataillons appar-
tenant à des sections différentes , animés d'un
différent esprit , et plus près de se battre entre
eux que de s'accorder. D'ailleurs , une troupe
rangée ne connoît de passions que celles de

ses chefs, et elle n'est plus susceptible des mouvemens tumultueux, violens, et quelquefois généreux de la multitude.

L'émigration, forcée pour quelques-uns, fut donc légitime pour tous. Le sol fait la patrie du sauvage; mais l'ordre entre les hommes constitue la société, vraie et seule patrie de l'homme civilisé; et la France, à cette horrible époque, livrée à l'anarchie la plus cruelle et la plus extravagante, malgré des formes extérieures de gouvernement, étoit une société comme les illusions du Panorama sont une contrée.

L'émigration fut noble et généreuse dans ses motifs; et où pouvoient être, que dans leur conscience et dans le sentiment de l'honneur et du devoir, même avec les chances de succès les plus heureuses, des compensations suffisantes aux sacrifices que faisoient des pères de famille de toute condition, qui, se bannissant volontairement de leur patrie, inconnus la plupart à ceux qu'ils alloient servir, livroient leurs familles et leurs fortunes à la merci de la révolution, et les plaçoient ainsi et se plaçoient eux-mêmes sous le terrible anathème du malheur réservé aux vaincus?

Sans doute, tous les motifs ne furent pas désintéressés, et la conduite de tous les bannis ne fut pas toujours digne d'une si belle cause; mais s'il est permis de reprocher à quelques-uns des fautes que l'extrème jeunesse, l'oisi-veté, la licence d'une vie errante et guerrière, la misère et à la fin le désespoir peuvent excu-ser, il est juste de reconnoître que le plus grand nombre d'entre eux, et dans le sexe le moins préparé à l'adversité, et dans les condi-tions les moins accoutumées aux privations, ont donné les plus grands exemples de fermeté, de patience, de résignation, et qu'ils ont fait honorer par leurs vertus le nom français, que leurs compatriotes illustroient par leurs vic-toires.

Et qu'on ne dise plus que les émigrés ont porté les armes contre leur patrie : ils n'étoient pas armés pour attaquer la société publique qui n'existoit pas en France, mais pour défen-dre la société domestique, et repousser de l'Europe cet épouvantable droit public qui permit à l'Etat de dépouiller la famille qui existe avant l'Etat, qui peut exister sans l'Etat, et qui même est la seule raison de son existence (1).

La plupart des émigrés sont rentrés; ils ont

_____

(1) Voyez le noble et intéressant ouvrage de *la Défense des Emigrés*, par M. de Lally-Tolendal, A Paris chez Cocheris.

vécu au milieu de leurs persécuteurs, et je ne
sais si l'on a cité un seul trait de cette fureur
de vengeance dont la calomnie les avoit accusés.

Enfin l'émigration, funeste aux particuliers,
n'a pas été inutile à la société, et peut-être en
sera-t-il un jour de l'émigration comme des croi-
sades, que la prévention a long-temps jugées
sur des faits isolés et particuliers, et que la
raison, mieux instruite, commence à juger sur
de grands motifs et des résultats généraux.
L'émigration a sauvé les restes précieux de la
maison royale, et avec elle la France et l'Europe.
C'étoit la crainte du retour des Bourbons qui
a précipité Buonaparte dans ses guerres extra-
vagantes qui ont décidé sa chute ; c'étoit les
Bourbons qu'il poursuivoit en Egypte et en
Espagne, à Vienne et à Moscou, et il les a cher-
chés jusqu'à ce qu'il les ait trouvés ; c'est l'espoir de les voir remonter au trône qui a nourri
dans le cœur des Français ces sentimens dont
l'explosion unanime a si puissamment hâté la
restauration. La fuite chez l'étranger de tant de
familles de toute condition, de membres du
clergé et des tribunaux, des plus riches propriétaires, du plus grand nombre des officiers
de l'armée, a rempli l'Europe d'étonnement
et d'épouvante ; et à la vue de circonstances si
extraordinaires et de malheurs si grands et si

nouveaux , elle a pu juger le danger d'une révolution qui commençoit sous de tels auspi-
ces. Heureuse si , avertie par les événemens et
plus éclairée sur ses vrais intérêts , elle eût pris
dès-lors des mesures efficaces pour arrêter les
progrès de l'incendie et en prévenir les suites !

Cependant les biens des émigrés et plus tard
ceux des communes furent sequestrés , confisqués et vendus , comme l'avoient été sous
l'assemblée constituante les biens publics , dotation antique et nécessaire de la religion , de
la royauté , de la charité publique. Ancienne
possession , hypothèque des créanciers , dot
des femmes , légitime des enfans , partages de
familles : tous ces motifs qu'on fait valoir aujourd'hui en faveur des nouveaux possesseurs
ne furent pas même allégués dans l'intérêt des
anciens propriétaires. On vendit ou plutôt on
donna les biens de ceux qui étoient sortis , de
ceux qui étoient restés , souvent de ceux qui
étoient morts. La nation dépouilla des pupilles
et des mineurs ; elle partagea avec les testa-
teurs avant la mort de leurs héritiers , et dés-
hérita des enfans avant leur naissance, Le code
des lois sur l'émigration est le monument le
plus curieux et le plus décisif du *progrès des
lumières* , et jamais chez aucun peuple on ne
porta plus loin le luxe de la cruauté et le raf-
finement de l'injustice,

Enfin, martyrs de leur fidélité aux lois fondamentales du royaume, les émigrés ont scellé de leurs fortunes et par conséquent de l'existence politique de leurs familles le nouveau pacte qui a rendu aux Français leur roi légitime; et lorsque des régicides réclament publiquement des rangs et des honneurs, heureux du bonheur de la France, ils se soumettent sans murmure à une disposition qui fait de la propriété des anciens serviteurs, le prix et la solde de la fidélité des nouveaux. Etrange destinée de la noblesse, condamnée à *assurer* la société contre les révolutions, ou à la rétablir à ses frais!

La postérité, qui reçoit l'appel des malheureux, prononcera entre toutes les parties; elle s'étonnera peut-être de trouver tant de cupidité avec tant de *philosophie*, tant de dureté avec tant de *philantropie*, tant d'injustice avec tant de *moralité*; elle se demandera si lorsqu'il n'y avoit en France ni *bienfaisance*, ni *sensibilité*, et qu'il n'y avoit que de la religion et de la charité chrétienne, il se seroit trouvé seulement, il y a un siècle, entre tous ces enfans d'une même mère, tant de voix pour dénoncer, et tant de mains pour envahir.

Il reste aux émigrés le *triste et fier honneur* de leur dévouement et de leurs sacrifices, et

la consolation de pouvoir dire avec l'orateur romain, placé dans les mêmes circonstances, et rendant compte à A. Torquatus des motifs qui l'avoient engagé à quitter l'Italie pour aller auprès de Pompée se réunir à la noblesse romaine : *Nec enim nos arbitror, victoriæ præmiis ductos patriam olim et liberos et fortunas reliquisse ; sed quoddam nobis officium justum et pium et debitum reipublicæ nostræque dignitati videbamur sequi.* « Ce n'est pas dans le dessein
» de mettre à profit la victoire, que nous avons
» abandonné notre patrie, nos enfans et nos
» biens ; mais dans la ferme persuasion que
» nous remplissions un devoir sacré qui nous
» étoit imposé par le rang honorable que nous
» occupions dans l'État. »

DISCOURS sur la restitution des biens non - vendus des Émigrés, prononcé à la Chambre des Députés des Départemens, le 13 Septembre 1814, par Mgr. le Comte Ferrand, Ministre d'Etat.

M<small>ESSIEURS</small>;

Lorsqu'après avoir essuyé les longues tourmentes d'une révolution dont l'histoire n'offre pas d'exemples, une grande nation revient enfin dans le port d'un gouvernement sage et paternel, le bonheur général qu'elle éprouve peut encore être pendant long-temps entremêlé de malheurs individuels; malheurs que des circonstances extraordinaires ont fait naître, dont la justice et l'humanité gémissent, mais auxquels la politique et la loi de la nécessité ne permettent pas de fixer tout à coup le terme réclamé par la justice et l'humanité même. Cependant arrive le terme tant attendu; mais dans ces premiers momens où un jour plus-propice apparoît après tant d'orages , où la possibilité de faire le bien se laisse enfin entrevoir , il faut encore s'astreindre à ne le faire qu'avec une extrême prudence. Il faut être réservé même dans une justice bienfaisante , lorsqu'on voudroit s'abandonner à une juste prodigalité.

C'est un de ces inconvéniens trop souvent attachés aux lois qui remplacent les lois révolutionnaires : elles ne peuvent avoir l'unique et pure empreinte d'une équité rigide et absolue. Méditées d'après les principes, rédigées d'après les circonstances , elles sont quelquefois entraînées par celles-ci, quand elles voudroient ne pas se séparer de ceux-là.

Le souverain qui se résigne à de si grands sacrifices, peut seul savoir ce qu'ils lui coûtent ; et une seule pensée peut les adoucir : c'est que tous ces sacrifices concourent au maintien de la tranquillité publique; c'est qu'en s'identifiant avec tous les sujets qui lui sont rendus, il anéantit toutes les dénominations révolutionnaires qui avoient divisé la grande famille ; il la réunit, il la confond toute entière dans sa paternelle adoption, dans sa souveraine justice, et dans sa royale bienfaisance.

Telles sont , Messieurs, les maximes que le

Roi a constamment suivies depuis son entrée
en France; telles sont celles qu'il veut toujours suivre. Déjà par son ordonnance du 21
août, il a assuré l'état civil de la portion de ses
sujets désignés sous le nom d'émigrés; dénomination aussi fausse dans le sens qu'on avoit
voulu lui donner, que désastreuse par les con-
séquences qu'on a voulu en tirer. Ces consé-
quences vous sont connues, et c'est à en atté-
nuer les effets que nous travaillons en ce moment. Le sens qu'on a voulu lui donner étoit
si loin du véritable, que beaucoup de gens
avoient même oublié celui-ci, parce qu'il ap-
partient essentiellement aux violentes révolutions de dénaturer les choses les plus simples
et jusqu'à la signification des mots. Le temps et
les malheurs les rétablissent, parce qu'il est
certaines vérités qui ne peuvent être univer-
sellement démontrées que par ces deux grands
maîtres de l'homme.

Il est aujourd'hui bien reconnu qu'en s'éloi-
gnant de leur patrie, tant de bons et fidèles
Français n'avoient jamais eu l'intention de s'en
séparer que passagèrement. Jetés sur des rives
étrangères, ils pleuroient sur les calamités de
la patrie qu'ils se flattoient toujours de revoir.
Il est bien reconnu que les régnicoles comme
les émigrés appeloient de tous leurs vœux un

heureux changement, lors même qu'ils n'o-
soient pas encore l'espérer. A force de malheurs
et d'agitations, tous se retrouvoient donc au
même point ; tous y étoient arrivés, les uns en
suivant une ligne droite sans jamais en dévier,
les autres après avoir parcouru plus ou moins
les phases révolutionnaires au milieu desquelles
ils se sont trouvés. Tous étoient donc déjà réunis d'intention ; et la bienfaisante ordonnance
du Roi, en n'admettant aucune différence en-
tr'eux, n'a été que la déclaration légale d'un
fait déjà existant.

La loi que nous avons l'honneur de vous
apporter aujourd'hui dérive de cette ordonnance ; elle reconnoît un droit de propriété
qui existoit toujours ; elle en légalise la réintégration.

Mais dans cette réintégration même, le Roi
a dû apporter une grande réserve et quelques
exceptions. C'est dans cet esprit que la loi a
été rédigée. Elle commence par maintenir tout
ce qui a été fait d'après les lois sur l'émigration
jusqu'à la charte constitutionnelle. S. M. l'avoit
déjà annoncé par son ordonnance, en mettant
dans l'article 1er ces mots : « Sans préjudice du
» droit des tiers ». Elle donne aujourd'hui à ces
mots leur entière explication, parce qu'elle ne
veut laisser aucun doute à la paisible pos-

B

session, ni aucun prétexte à la malveillance.

L'art. 2 restitue tous les biens actuellement vendus, et faisant partie du Domaine.

L'art. 3 ne donne aucune restitution des fruits perçus ; mais il assure aux anciens propriétaires les termes de paiement non encore échus pour des ventes antérieurement faites.

L'art. 4 étend la restitution sur les biens qui, ayant été vendus ou cédés, se trouveroient depuis réunis au Domaine.

L'art. 5 prévoit le cas où un acquéreur, évincé pour non paiement de la totalité du prix, en auroit cependant payé une portion au Domaine : il veut que cette portion lui soit rendue par le propriétaire restitué.

Toujours dans la vue que cette restitution ne puisse mulcter les droits d'un tiers, plusieurs des biens non vendus sont affectés à un service public; et, pour ne point intervertir l'ordre de ce service, ces biens sont exceptés de la classe restituable ; mais cette exception est limitée au temps seulement pendant lequel ils seront jugés nécessaires à leur destination actuelle ; et, dans ce cas, il est reconnu qu'une indemnité est due aux vrais propriétaires, et qu'elle doit être portée dans le prochain budget.

La même réserve s'étend sur ceux de ces biens qui servent aux hospices, maisons de charité et autres établissemens de bienfaisance ; mais on prévoit en même temps l'époque où cette réserve pourra cesser.

Elle s'étendra encore sur les biens affectés à la Légion-d'Honneur.

Toutes les rentes purement foncières dont le gouvernement n'auroit pas disposé, seront comprises dans la restitution.

Il en sera de même pour les actions de navigation ; quant à celles dont le gouvernement auroit entièrement disposé, dès qu'elles lui rentreront par droit de retour, il s'empressera de les remettre à qui de droit.

Le surplus de la loi règle la marche à suivre pour obtenir la restitution.

Déjà dans la vue de hâter un moment si long-temps attendu, le Roi avoit chargé une commission de vérifier toutes les demandes : elle n'a point perdu de temps pour préparer son travail ; et elle n'attend, pour le mettre au jour, que l'acceptation de la présente loi.

Vous vous hâterez, Messieurs, de donner à cette loi l'avantage d'une prompte publication : vous reconnoîtrez qu'elle est impatiemment attendue par un grand nombre de sujets dévoués et recommandables, dépossédés pendant plus de vingt ans, qui se sont noblement résignés à cette longue privation, et qui souf-

friroient doublement s'ils la voyoient encore
se prolonger, vous vous empresserez de secon-
der les vues du Roi. Sans doute il doit jouir du
bonheur de ceux à qui il va rendre leurs propriétés , mais croyez aussi qu'il a besoin de
cette jouissance pour adoucir les regrets qu'il
éprouve de ne pouvoir donner à cet acte de
justice toute l'extension qui est au fond de son
cœur. Grâce à la sagesse de son administra-
tion , grâce aux principes que vous maintien-
drez dans les recettes et les dépenses publiques;
il est permis de croire qu'un jour viendra où
l'état heureux des finances diminuera successi-
vement les pénibles exceptions commandées
par les circonstances actuelles. Pour hâter cette
heureuse époque, continuez, Messieurs, à vous
unir directement d'intentions et d'efforts avec
le Roi ; à montrer de plus en plus la grande et
constante perspective d'une colloboration com-
mune , constamment dirigée vers le bien public. Vous trouverez toujours le Roi prêt à sai-
sir toutes les occasions , tous les moyens de
restaurer la France entière , et vous ferez en
sorte que ce nom de *Désiré* , si spontanément,
si justement décerné par vous , et si promptement répété par l'acclamation universelle , en
ramenant partout l'ordre et la tranquillité ,
ramène aussi l'espoir dans le cœur de ceux
dont le bonheur doit encore être ajourné,

❀ ❀ ❀ ❀ ❀ ❀ ❀ ❀ ❀ ❀ ❀ ❀ ❀ ❀ ❀

CHAMBRE DES PAIRS DE FRANCE.

Séance du 3 décembre.

Opinion de M. le maréchal duc de Tarente, sur le Projet de Loi relatif aux biens non vendus des Émigrés.

MESSIEURS,

Mon intention , en montant à cette tribune, est de soutenir l'avis de la commission dont j'ai l'honneur d'être membre , et dans laquelle mon suffrage a été compté pour la majorité.

J'ai adopté avec empressement les mesures discutées dans la Chambre des Députés , et que le Roi vous propose en faveur d'une classe de citoyens digne de tout notre intérêt, afin d'envoyer promptement en possesion et de faire jouir sans délai les propriétaires des biens non vendus.

J'ai en même temps témoigné les regrets que je renouvelle ici, que ce projet de loi ne présentât pas pour le moment, des ressources plus étendues à un si grand nombre d'infortunés ;

j'ai aussi exprimé le vœu adopté par la commission, et que M. le comte Pastoret a si élo-
quemment développé, que le Roi fût supplié
de présenter les moyens les plus prompts et
les plus sûrs qu'il avisera dans sa haute sagesse,
de concilier avec l'état des finances un système
général d'indemnités, tel qu'on ne pût former
aucuns doutes sur l'empressement des Chambres à y concourir, et sur l'assentiment de la
nation, qui verra enfin cicatriser toutes les
plaies, avec l'intention d'éteindre toutes les
haines et les ressentimens.

Dans mon vœu, je n'ai considéré que les
malheurs de la patrie, et ceux d'une classe de
citoyens digne, je le répète, de tout notre
intérêt.

Les premiers sont finis par la Charte constitutionnelle, les autres ne le sont point par le
projet de loi qui nous est soumis; car nulle
part on n'y retrouve le caractère propre à effa-
cer les souvenirs de ces grands déchiremens
qui ont ébranlé la société jusque dans ses bases,
déplacé les propriétés, disséminé les familles,
et altéré, parmi les Français, jusqu'à ce sentiment d'aménité, de confiance et d'abandon
chevaleresque, apanage héréditaire de la
nation.

Non, Messieurs, je ne crains point de le

dire , le projet de loi n'atteint point ce but si
désirable ; et s'il m'est permis de m'exprimer
·avec la franchise d'un soldat , les discussions
provoquées dans la Chambre des Députés , et
proclamées dans toute la France , nous en ont
encore éloignés.

Que devoit-on faire, au contraire , pour s'en
rapprocher ? Deux opérations bien distinctes.

La première , rendre aux familles frappées
de séquestre ou de confiscation en vertu des
lois antérieures , tous les biens non vendus ,
existans en nature dans les mains du Gouvernement : cette mesure résulte de la loi. Des
discussions déclamatoires n'étoient point nécessaires pour l'obtenir; la justice parloit toute
seule; il étoit évident que les causes des confiscations et des sequestres ne subsistant plus ,
les confiscations et les sequestres étoient anéan-
tis , du jour que la patrie recevoit dans son sein
des enfans trop long-temps séparés d'elle.

La seconde opération n'a pas même été in-
diquée dans le projet de loi , mais elle est attendue de votre sagesse ; l'humanité , la justice , le salut de la France , le vœu de son Roi ,
commandoient de fermer toutes les plaies :
elles ont été rouvertes par des discours im-
prudens.

On iroit jusqu'à croire qu'il est dans les in-

tentions secrètes de quelques personnes de les
envenimer, si l'on ne savoit jusqu'à quel point
l'esprit de parti peut égarer les cœurs les plus
droits.

A l'arrivée des fils de saint Louis, la France
s'étoit jonchée de fleurs, et maintenant on
signale par des monumens de deuil tous les
endroits témoins de nos discordes civiles;
mais après tant de calamités, quel lieu ne ré-
clameroit pas à son tour le triste honneur de
rappeler de douloureux souvenirs?

C'est ainsi que chaque jour on acquiert le
droit de se plaindre des inquiétudes qu'on a
fait naître la veille.

Oui, sans doute, plusieurs millions d'acquéreurs de biens nationaux sont inquiets de la
direction que quelques individus cherchent à
donner à l'opinion publique : et l'on s'est ré-
joui de leurs alarmes, comme si elles devoient
amener des abandons volontaires !

On s'est bercé du chimérique espoir que des
craintes, habilement jetées dans les esprits,
obtiendroient de nouveau des déplacemens de
propriété, contre lesquels eût échoué toute la
puissance du gouvernement le plus fort dont
l'histoire ait encore fait mention.

Eh quoi ! les spectateurs de sa chute rapide
sont-ils encore assez stupéfaits de cette catas-

trophe, pour n'avoir point médité sur ses causes ? Ignorent-ils que , ni les constitutions, ni
les lois , ni les armées , ne défendent les gouvernemens contre la masse des intérêts sociaux?
Ignorent-ils que lorsque ces intérêts sont dans
un péril imminent , les gouvernemens sont
atteints les premiers ?

Rendons grâces au ciel de ce qu'enfin le
précipice de l'ambition est comblé par cette
sainte légitimité qui défend les marches du
trône de l'approche des factions.

Mais les fondemens de ce grand édifice, re-
levé à la hâte au milieu des ruines , ont encore
besoin d'être consolidés par le ciment des
intérêts et des affections.

Combien en est-il de méconnus ou d'oubliés
dans la loi que vous discutez ?

Elle rend des biens non vendus qui , par
leur nature , appartenoient en général aux
premières familles de l'Etat.

Mais ceux qu'un dévouement, peut-être plus
exalté, a arraché des rangs de l'armée ou de
leurs antiques manoirs , sans qu'ils eussent
jamais participé à la puissance ni aux faveurs
de la cour !

Ceux qui se sont associés, sans espoir de
retour, aux infortunes du monarque , et qui,
chaque année , voyoient avec indifférence

passer dans des mains étrangères les débris d'un patrimoine long-temps préservé par la médiocrité !

Depuis plusieurs années, l'exil des familles étoit devenu volontaire ; elles pouvoient réclamer l'application des lois rendues en leur faveur ; mais il eût fallu qu'elles désertassent la cause du malheur. Les puniroit-on de s'y être refusées ?

Non, Messieurs ; la générosité nationale sera proportionnée à nos désastres ; elle sera immense comme eux, et n'aura d'autres bornes que nos facultés. J'en ai la confiance, j'ai besoin de l'avoir ; et si, comme je n'en doute point, nous sommes tous pressés par le même sentiment, cette session ne se terminera pas sans avoir scellé le bonheur du monarque et celui de la France.

Seroit-il donc vrai, Messieurs, que des motifs si puissans, ceux d'une pacification générale entre tous les Français, seroient un instant balancés dans les esprits, par la modique considération d'une indemnité annuelle d'environ douze millions ?

Et ne pensez point, Messieurs, que dans l'emploi de cette somme je me borne à payer la dette de l'honneur ; il en est une autre non moins chère à mon cœur, non moins précieuse à celui du Roi, non moins importante à la tranquillité de la France.

Cette dette sacrée, 'prix du sang versé dans mille combats, dette oubliée par celui qui, au dernier jour de sa puissance, désiroit peut-être que tous les moyens créés par lui pour la soutenir fussent précipités avec elle !

Est-il besoin de vous dire, Messieurs, que je veux fixer vos regards sur les dotations de l'armée ?

J'aurai l'honneur de donner des développemens à cette double proposition dans un autre moment, et lorsque vous aurez prononcé sur la loi présente.

Mais je ne crois point m'écarter de la délibération qui vous occupe, en me permettant de vous prévenir que j'ai soumis à des calculs assez exacts, 1.º les sommes nécessaires pour acquitter annuellement les intérêts des biens vendus par suite de confiscations ; 2.º les sommes nécessaires pour acquitter les dotations de l'armée, qui n'excèdent point un revenu de 500 à 2000 fr.

Les militaires qui en sont l'objet montreront avec orgueil à leurs émules leurs membres mutilés, et la munificence du Monarque, et la reconnoissance de la Patrie.

Loin de moi la pensée de concourir à aggraver les charges publiques, pour satisfaire à des dispositions d'une proportion plus élevée !

Il peut m'être permis, sans crainte d'être désavoué, d'être ici l'interprète de mes compagnons d'armes ; tous avec moi réclameront votre justice pour les droits et les besoins des braves ; mais nul ne sollicitera le retour de ces munificences, dont l'excès ou l'éloignement ont si souvent menacé la durée.

Ce n'est point à nous qu'appartiendroient les souvenirs de la fortune passée. Quand le Roi, les compagnons de ses malheurs, défendus ici par leur respectable chef ; quand ceux de nos longs et mémorables travaux n'auront plus de regrets à former, ni de privations à subir , nous serons heureux, autant que nous sommes fidèles et dévoués; quand nos anciens dans l'art de la guerre s'associeront à la gloire que nous avons conservée à leurs drapeaux ; quand nous pourrons les serrer dans nos bras, comme des pères dont nous avons été les dignes élèves ; quand nos provinces tranquilles, nos cités libres de toutes dissensions politiques ; ne présenteront plus aux yeux du Roi que des Français , satisfaits du présent , oubliant le passé, riches de l'avenir; quand enfin cette terrible dénomination, qui nous a fait tant de mal à l'époque où elle étoit un titre de pros-

cription , qui peut nous faire tant de mal encore aujourd'hui qu'elle tendroit à devenir un
titre d'honneur, sera bannie de notre langue;
comme elle a été étrangère à ce discours.

Tels sont, Messieurs, nos vœux les plus
ardens; vous les partagez, sans doute, et c'est
parce que j'en ai l'assurance, que j'ose me livrer
à un travail étranger à mes habitudes.

J'aurai l'honneur de vous le soumettre avec
un entier abandon dans une autre séance. Vous
prononcerez sur l'exactitude des calculs, sur la
valeur des moyens que je me permettrai de
proposer , pour créer, en faveur du trésor, des
ressources applicables aux dépenses.

Et si , après avoir prêté à cette ébauche tout
ce que je sollicite de vos lumières, vous la
rendez digne de devenir la matière d'une proposition au Roi, vous serez à jamais environnés
de la reconnoissance nationale , pour avoir
consacré l'alliance impérissable de la gloire
avec les plus nobles infortunes, de la justice
avec la générosité , et de la paix publique avec
la félicité du Monarque. Par ces motifs , je
vote l'adoption pure et simple de la loi.

LOI

*Sur la remise des biens non vendus
des Emigrés.*

LOUIS, PAR LA GRACE DE DIEU, ROI DE
FRANCE ET DE NAVARRE,

A tous ceux qui ces présentes verront, salut:
Par notre Ordonnance du 21 août, nous
avons rendu à l'état civil une classe recom-
mandable de nos sujets long-temps victimes de
l'inscription sur les listes d'émigrés. En leur
rendant cette première justice, nous avons
annoncé notre intention de présenter aux deux
Chambres une Loi sur la remise des biens non
vendus. Dans les dispositions de cette Loi,
nous avons considéré le devoir que nous im-
posoit l'intérêt de nos peuples, de concilier un
acte de justice avec le respect dû à des droits
acquis par des tiers, en vertu des lois existan-
tes; avec l'engagement que nous avons solen-
nellement contracté, et que nous réitérons,
de maintenir les ventes des Domaines natio-

naux; enfin, avec la situation de nos finances, patrimoine commun de la nombreuse famille dont nous sommes le père, et sur lequel nous devons veiller avec une sollicitude toute paternelle.

A ces causes, nous avons proposé, les Chambres ont adopté, nous avons ordonné et ordonnons ce qui suit :

Art. 1.er Sont maintenus et sortiront leur plein et entier effet, soit envers l'Etat, soit envers les tiers, tous jugemens et décisions rendus, tous actes passés, tous droits acquits avant la publication de la Charte constitutionnelle, et qui seroient fondés sur des lois ou des actes du Gouvernemens relatifs à l'émigration.

2. Tous les biens immeubles sequestrés ou confisqués pour cause d'émigration, ainsi que ceux advenus à l'Etat par suite de partage de succession ou présuccession, qui n'ont pas été vendus, et font actuellement partie du domaine de l'Etat, seront rendus en nature à ceux qui en étoient propriétaires, ou à leurs héritiers, ou ayans-causes.

Les biens qui auroient été cédés à la caisse d'amortissement, et dont elle est actuellement en possession, seront rendus, lorsqu'il aura été pourvu à leur remplacement.

3. Il n'y aura lieu à aucune remise des fruits perçus ; néanmoins les sommes provenant des décomptes faits ou à faire, et les termes échus et non payés, ainsi que les termes à échoir du prix des ventes de biens nationaux provenant d'émigrés, seront perçus par la caisse du Domaine, qui en fera la remise aux anciens propriétaires desdits biens, leurs héritiers ou ayans-cause.

4. Seront remis, ainsi qu'il est dit à l'article 2, les biens qui, ayant été déjà vendus ou cédés, se trouveroient cependant actuellement réunis au Domaine, soit par l'effet de la déchéance définitivement prononcée contre les acquéreurs, soit par toute autre voie qu'à titre onéreux.

5. Dans le cas seulement de l'article précédent, les anciens propriétaires, leurs héritiers ou ayans-cause seront tenus de verser dans la caisse du Domaine, pour être remis à l'acquéreur déchu, les à-comptes qu'il auroit payés. La liquidation de ces à-comptes sera faite administrativement par le Domaine même, suivant les règles accoutumées.

6. Les biens que l'État a reçus en échange des biens d'émigrés, et qui se trouvent encore en sa possession, seront rendus, sous les réserves et exceptions énoncées dans la présente

Loi, aux anciens propriétaires des biens échan-
gés, à leurs héritiers ou ayans-cause.

7. Sont exceptés de la remise les biens affectés à un service public, pendant le temps qu'il
sera jugé nécessaire de leur laisser cette destination; mais l'indemnité due à raison de la
jouissance de ces biens, sera réglée dans les
budgets de 1816.

8. Sont encore exceptés de la remise les
biens dont, par des Lois ou des Actes d'admi-
nistration, il a été définitivement disposé en
faveur des hospices, maisons de charité et
autres établissemens de bienfaisance en remplacement de leurs biens aliénés ou donnés en
paiement des sommes dues par l'État.

Mais lorsque par l'effet de mesures législa-
tives, ces établissemens auront reçu un accrois-
sement de dotation égal à la valeur des biens
qui n'ont été que provisoirement affectés, il y
aura lieu à remise de ces derniers biens en
faveur des anciens propriétaires, leurs héritiers
ou ayans-cause.

Dans le cas où les biens donnés, soit en
remplacement, soit en paiement, excéderoient
la valeur des biens aliénés, et le montant des
sommes dues à ces établissemens, l'excédent
sera remis à qui de droit.

9. Seront remis aux termes de l'article 2,

C

les rentes purement foncières, les rentes constituées, et les titres de créances dues par des particuliers et dont la régie seroit actuellement en possession.

10. Les actions représentant la valeur des canaux de navigation seront également rendues, savoir : celles qui sont affectées aux dépenses de la Légion d'honneur, à l'époque seulement où, par suite des dispositions de l'Ordonnance du 19 juillet dernier, ces actions cesseront d'être employées aux mêmes dépenses ; celles qui sont actuellement dans les mains du Gouvernement, aussitôt que la demande en sera faite par ceux qui y auront droit ; et celles dont le Gouvernement auroit disposé, soit que la délivrance en ait été faite, soit qu'elle ne l'ait pas été, lorsqu'elles rentreront dans ses mains par l'effet du droit de retour stipulé dans les actes d'aliénation.

11. Pour obtenir la remise ordonnée par la présente Loi, les anciens propriétaires, leurs héritiers ou ayans-cause se pourvoiront par-devant les Préfets des Départemens où les biens sont situés.

12. Les Préfets, après avoir pris l'avis des directeurs des domaines et conservateurs des forêts, et s'être assurés des qualités et des droits des réclamans, transmettront les pièces

justificatives avec leur avis motivé, au Ministre Secrétaire d'État des finances.

13. Le Secrétaire d'État des finances enverra toutes les demandes à la Commission chargée de prononcer sur les remises.

14. Il sera sursis jusqu'au 1.er janvier 1816, à toutes actions de la part des créanciers des émigrés, sur les biens remis par la présente Loi ; lesdits créanciers pourront néanmoins faire tous les actes conservatoires de leurs créances.

La présente Loi discutée, délibérée et adoptée par la Chambre des Pairs et par celle des Députés, et sanctionnée par nous cejourd'hui, sera exécutée comme loi de l'État ; voulons, en conséquence, qu'elle soit gardée et observée dans tout notre royaume, terres et pays de notre obéissance.

Si donnons en mandement à nos Cours et Tribunaux, Préfets, Corps administratifs et tous autres, que les présentes ils gardent, observent et maintiennent, fassent garder, observer et maintenir ; et pour les rendre plus notoires à tous nos sujets, ils les fassent publier et enregistrer partout où besoin sera : car tel est notre plaisir ; et afin que ce soit chose ferme et stable à toujours, nous y avons fait mettre notre scel.

Donné à Paris, le cinquième jour de décembre de l'an de grâce mil huit cent quatorze, et de notre règne le vingtième.

Signé, LOUIS,

Par le Roi,

Le Ministre Secrétaire d'État de l'intérieur, l'Abbé DE MONTESQUIOU.

Vu et scellé du grand sceau :

Le Chancelier de France, *Signé*, DAMBRAY.

Certifié conforme par nous Secrétaire-général de la Chancellerie de France et du sceau, membre de la Légion-d'honneur.

Par ordre de Monseigneur le Chancelier :

LE PICARD,